AF257805

27
Ln
25537

NOTICES BIOGRAPHIQUES

SUR

LE DOCTEUR HENRY BLATIN

ET

DISCOURS PRONONCÉS AU BORD DE SA TOMBE

Le 29 Mars 1869

Recueillis et publiés par les soins de Madame
Claire GUYOT, sa veuve.

RIOM

IMPRIMERIE DE G. LEBOYER, 3, RUE PASCAL.

1869

NOTICE BIOGRAPHIQUE

SUR

LE DOCTEUR HENRY BLATIN

Premier Vice-Président
de la Société protectrice des Animaux

Par le docteur LOBLIGEOIS, *ancien secrétaire général de la Société,*
membre honoraire et membre en activité du Conseil
d'administration (1).

MESSIEURS ET CHERS COLLÈGUES,

Le 27 mars dernier, nous avons fait une perte sensible :
notre premier vice-président, M. le docteur Blatin est mort
à l'âge de soixante-deux ans.

Éloigné de nos réunions depuis plusieurs mois par une
redoutable maladie, il se trouvait tout entier au milieu de
nous, grâce à l'énergique activité qu'il déployait encore, grâce
à ces communications intéressantes et nombreuses, dont la discussion remplissait parfois vos séances, et vous laissait à
peine le temps de constater le vide matériel que son absence
laissait dans votre Bureau, tant ce vide était masqué par sa
personnalité toujours vivace, toujours agissante. Ce vide est
maintenant définitif et rien ne le comblera plus.

Ami de notre regretté collègue, qu'il me soit permis, Messieurs, avant que les efforts incessants de toute une génération
nouvelle de travailleurs ou d'adeptes, — la plupart recrutés
par lui, — aient fait avancer votre œuvre vers son but, de
signaler d'une marque de deuil les derniers pas de M. Blatin
dans la carrière de la protection accordée aux animaux, et
de vous faire reconnaître ses traces fortement empreintes
dès le début, dans cette voie de progrès moral où, l'un des
premiers en France, il s'était engagé.

(1) Cette notice a été lue dans une séance générale mensuelle de la Société
protectrice des animaux et imprimée dans le Bulletin de la Société du mois de juin
1869; mais des coupures y ont été faites par le comité de publication de la Société,
à cause de son étendue, qui ne permettait pas qu'elle fût insérée toute entière.
— Veuve BLATIN.

M. Henry Oradoux Blatin, né le 12 juin 1806, à Clermont-Ferrand, appartenait à une famille aisée. Fils de médecin, médecin lui-même, il avait acquis dans l'exercice de sa profession, qu'il pratiquait avec talent, une certaine notoriété, une position honorable et des sympathies légitimes.

Ses qualités étaient nombreuses, mais poussées quelquefois jusqu'à l'extrême ; il ouvrait plus souvent son esprit que son cœur, et ceux-là seuls le connaissaient en entier, qui vivaient dans son commerce et son intimité.

Sensible, mais rebelle aux exagérations, il reculait parfois devant des manifestations, peut-être excessives, de sentiments qu'il partageait pourtant, jusqu'à tomber dans l'excès contraire ; c'est ainsi qu'il encourait le reproche de sécheresse et de dureté, lorsqu'il prétendait soumettre au contrôle de la raison les élans qui se produisaient autour de lui dans des natures plus mobiles et trop impressionnables.

Positif et précis, il prenait les hommes quels qu'ils fussent, éclairés et généreux, ou bien ignorants et cruels, par l'intérêt, soit de leur vanité, soit de leur fortune, défiant qu'il était des écarts du sentiment.

Ferme enfin jusqu'à l'opiniâtreté, il ne craignit jamais de combattre une opinion et de froisser personne par une contradiction. Aussi, ne dut-il qu'à la sincérité bien connue de ses convictions, de rencontrer dans une longue carrière beaucoup d'amis et fort peu d'adversaires.

Actif, ardent, infatigable, il poussait toujours en avant, mais se laissait difficilement ramener, réduisant ainsi au rôle pénible d'opposants ceux qu'un peu de tiédeur rendait peut-être incapables d'un véritable zèle.

Ingénieux, adroit et minutieux, il mettait au service de la Société, pour la fabrication d'appareils propres à soulager les animaux, ses connaissances en mécanique, ou ses relations avec des hommes habiles, et savait provoquer et faire naître chaque année des inventions nouvelles.

A ces qualités de notre regretté collègue se rattachent, Messieurs, toutes les œuvres accomplies par lui dans notre Société. Propagande morale, dénonciations d'abus, luttes acharnées contre la tolérance qu'ils rencontrent, appel de zèle et recrutement de sociétaires, accomplissement scrupuleux des fonctions de vice-président dont vous l'aviez depuis si longtemps honoré, fabrication matérielle et fondation de prix à l'égard des appareils propres à soulager les animaux dans les pénibles labeurs que leur impose la domination humaine, tout porte l'empreinte de son ardeur fiévreuse et féconde, de la fermeté de ses convictions, du désintéressement de ses vues et de sa ténacité dans la poursuite de son but.

Aussi, Messieurs, quoique peu de sujets aient pu passer auprès de notre collègue sans recevoir son apostille, en était-il plusieurs qu'il aimait surtout à voir reparaître et à vous représenter, parés qu'ils étaient par sa sollicitude et dignes à ses yeux de toutes vos complaisances. C'est donc par ordre de matières plutôt que par date d'apparition que je vous rappellerai les œuvres de notre cher collègue.

Vous vous rappelez, Messieurs, l'origine de notre Société. Provoquée par un accès de généreuse indignation du vénérable docteur Dumont (de Monteux), l'opinion publique réagit un jour vivement contre les cruautés révoltantes dont nos rues étaient le théâtre; des articles parurent dans divers journaux, et notamment dans les feuilletons des feuilles médicales, et, au pied même du catafalque de Bichat, le docteur Parisot de Cassel, et le docteur Dumont de Monteux, prenaient, avant de se séparer, rendez-vous pour donner suite à la réalisation de leurs aspirations de justice et d'humanité. Dix membres assistèrent, le 2 décembre 1845, à une première réunion qui se tint chez le docteur Parisot de Cassel, par qui fut ainsi fondée notre Société, qui compta dès sa sixième séance 64 membres, et 200 à sa septième, le 8 mai 1846.

Les premiers membres furent :

Le docteur Pariset, secrétaire de l'Académie de médecine, le premier de nos présidents;

Le docteur Flandin;

Le docteur Gratiolet;

Le docteur Ricard de Morgny;

Le docteur Dumont de Monteux;

Le docteur Parisot de Cassel;

M. Dupuy, professeur à l'école vétérinaire d'Alfort;

M. Hamont, médecin vétérinaire;

M. Jacquemin, agronome;

M. Vivien, employé au Ministère des travaux publics.

« Si Blatin ne s'y est point trouvé, — dit dans une lettre M. Dumont de Monteux, — c'est qu'il reçut trop tard ma lettre de convocation, mais il assista aux séances suivantes ainsi que M. de Valmer. »

Ainsi, membre de la Société depuis sa fondation par M. Parisot de Cassel, antérieurement à l'établissement des statuts qui datent du 26 janvier 1846, et à l'autorisation officielle du gouvernement de tenir des séances publiques, M. Blatin assista dès l'origine à toutes les réunions de la Société, sauf à la première. Archiviste en 1847, il commença, dans la petite salle assez mal éclairée de la Caisse d'épargne, à l'Hôtel-de-Ville, où se tenaient alors, le soir, nos séances, cette série de communications qu'il n'a jamais interrompue; il donna, l'un des premiers, l'exemple d'une assiduité soutenue et d'un zèle infatigable dans l'accomplissement des fonctions, quelles qu'elles fussent, qu'il remplit à toutes les époques dans votre bureau. — C'est en vain pourtant qu'on en chercherait les traces dans nos archives. — Le Bulletin n'existait pas. — Une brochure publiée de temps en temps, sans régularité, telle était la seule manifestation extérieure de la Société. En 1855, un bulletin bi-mensuel commence à paraître régulièrement; les questions soulevées devant la Société ne tombent plus dans l'oubli d'une séance à l'autre; celles qui présentaient quelque importance purent rester à l'étude, provoquer des travaux originaux. De ces questions, l'une des plus importantes et des premières qui aient agité sérieusement la Société, est celle des marais de la Gironde et du développement artificiel des sangsues, à l'aide du sang de chevaux vivants. Ce fut naturellement l'un des premiers sujets abordés par notre collègue.—Eclairé par une étude attentive des faits, le docteur Blatin fit ressortir tous les vices de ce mode d'exploitation. Bien convaincu de l'inutilité d'un appel à la compassion auprès des éleveurs, il chercha surtout à soulever contre leurs intérêts ceux de la population entière décimée par la maladie dans le voisinage des marais; car ceux-ci devenaient très-dangereux pour la santé publique depuis l'introduction des animaux vivants qui piétinent la vase et dont les cadavres corrompent les eaux; il fit voir ensuite tout le parti que savaient tirer, d'un mode bien moins cruel d'exploitation, des éducateurs plus habiles, et obtint enfin, pour l'un d'eux, une de vos premières récompenses.

Les chevaux qu'il voulait arracher à une mort cruelle, notre collègue voulut aussi les soulager du lourd tribut de labeurs que l'homme leur impose. C'est dans ce but qu'il inventa son arcanseur, enrayage alternatif qui permet dans les pentes de substituer une pesée latérale sur le brancard à une traction directe pour toutes les voitures à deux roues. Le soulagement immense qu'un tel appareil apporterait dans la pratique, pour le charriage sur les rampes très-dures de quelques rues, vous a fait récompenser sans hésitation l'inventeur.

Dans la descente des mêmes voies, et malheureusement en tous lieux, le limonier tombe parfois sous le faix. Alors même qu'il n'a ni les reins brisés, ni les jambes cassées, il peut avoir les membres si malheureusement engagés sous les brancards qu'il est impossible de le relever dans son harnais. — Sans doute la jambe de force proposée par M. Blatin comme obligatoire, préviendrait cet accident, mais, à son défaut, que faire, sinon dételer? Eh bien, cette opération est presque impossible si l'on ne sacrifie les courroies, tant les boucles serrées par le poids du cheval ou du brancard sont profondément engagées. Ici trouve sa place une excellente invention de notre collègue; sa boucle avec hardillon à retrait qui, permettant de changer l'inclinaison de l'ardillon sur son cadre et par suite sur la courroie, le rend indifférent à la pression et par suite facile à enlever.

Victime ordinaire de l'homme, le cheval peut, à son tour, être funeste à son conducteur et aux passants, lorsqu'une folie subite, l'emportement, l'entraîne à travers la foule ou les obstacles contre lesquels il se brise quelquefois lui-même. Fondateur dès 1857 d'une prime annuelle de 100 francs destinée aux appareils propres à soulager ou préserver les animaux, le docteur Blatin obtint que cette prime serait affectée, une fois au meilleur mode de contenir l'emportement des chevaux, une autre fois au meilleur modèle de frein pour les omnibus. Faut-il vous rappeler qu'il fut le plus actif promoteur des inventions nouvelles, sur lesquelles il fit plusieurs communications ou rapports dont les conclusions ont servi de base à vos décisions?

D'autres communications sur les colliers, les mors, les musettes, sur les modes de transport, sur les courses, et sur ces innombrables appareils qu'il a passés en revue dans les rapports dont il conserva, grâce à sa compétence reconnue, le monopole de 1854 jusqu'à sa mort, provoquèrent vos libéralités ou vos encouragements à l'égard des inventeurs, ou tout au moins vous mirent au courant de tout ce qui se faisait de neuf et d'utile à vos protégés.

J'arrive à une question très-discutée dans vos réunions, où elle a provoqué des orages. Convenait-il à la Société protectrice des animaux de suivre l'impulsion d'un de ses membres, le regretté professeur Isidore Geoffroy-Saint-Hilaire, et d'entrer dans la voie de l'hippophagie? C'est très-résolûment que M. Blatin, dans son rapport de 1856 sur l'usage alimentaire de la viande de cheval, poussa ses collègues : « Vous voulez, disait-il, affranchir le cheval des mauvais traitements, des excès que provoque contre lui son usure, sa vieillesse prématurée; vous voulez rendre moins cruelle son agonie? Abrégez-la. Tuez l'animal aujourd'hui au lieu de le tuer demain; il n'y a pas ici d'abus de force, ni de cruauté. Sa chair prendra une valeur et l'animal sera de son vivant plus ménagé. L'humanité s'accorde avec la doctrine économique. » Singulière protection, et cure trop radicale (1)! Je crois, quant à moi, que notre rôle était l'abstention. Vous avez autrement jugé et, après onze ans de lutte, l'inflexible logique de votre vice-président a entraîné votre adhésion, en même temps que son ardent concours et celui de M. Decroix, qu'il faut nécessairement nommer dans cette question, assuraient le succès de l'hippophagie et facilitaient l'ouverture des débits de viande de cheval.

Dès 1856 se soulevait aussi dans notre Société la question des vivisections, que le docteur Blatin fut le premier à combattre à l'aide d'arguments qui ne furent pas extra-scientifiques. Vous vous rappelez sans doute la première croisade prêchée en 1860 par nos voisins d'Outre-Manche contre les vivisections : on peut dire sans hésiter que l'agitation provoquée par eux au sujet des vivisections chirurgicales d'Alfort et des vivisections physiologiques de Paris, a eu deux résultats formels, mais bien différents. En effet, les vivisections chirurgicales, condamnées en principe par notre souverain, auquel les Anglais avaient fait appel, furent restreintes par l'administration supérieure dans une très-notable mesure. L'équivalence, moralement parlant, de la victime et de l'être auquel sa vie sert de rachat, d'une part, de l'autre, l'exemple des résultats obtenus dans la chirurgie humaine par le simple enseignement clinique et l'adjuvat des élèves dans les opérations, faisaient prévoir la possibilité de restrictions notables. Elles ont été opérées.—Il n'en a pas été de même des expériences physiologiques. Sortie des voies de discussion calme où l'avait portée M. Blatin, considérée non plus suivant ses nécessités, mais dans son essence même, attaquée avec une passion irréfléchie par nos voisins, l'expérimentation physiologique fut défendue avec la même passion par les savants ; et l'on peut dire que la lutte engagée contre elle lui fut l'occasion d'un triomphe de fait, sinon d'opinion, à l'Académie de médecine. Une nouvelle lutte fut provoquée en 1867, par l'initiative anglaise ; mais cette fois, portée sur son véritable terrain, celui de la discussion scientifique, elle retrouva chez

---

(1) Il ne faut pas oublier que l'on n'a songé à introduire dans l'alimentation publique que les chevaux hors de service qui, avant d'être envoyés à l'équarrisseur, étaient auparavant employés sans pitié jusqu'à leur dernier souffle de vie. A ce point de vue, l'alimentation par la viande de cheval a été un acte de protection bien entendu. Tel a été d'ailleurs le sentiment de la Société protectrice des animaux qui, tandis qu'elle formulait des plaintes fréquentes contre l'avidité brutale des équarrisseurs, décernait au contraire des médailles aux bouchers vendant de la viande de cheval (Voir le Bulletin de la Société, année 1866, page 460). — Veuve Blatin.

nous, comme l'un de ses champions, le docteur Blatin, dont le livre : *Nos cruautés envers les animaux,* livre excellent, rempli de projets de réformes utiles et de généreux sentiments, contient, au sujet des vivisections, de très-sages pensées. L'auteur avait assigné, pour la publication de son ouvrage, une époque telle que le manuscrit pût concourir pour le prix fondé sur ce sujet en France par la Société de Londres; mais des retards survenus dans les réunions du Comité d'examen eurent pour résultat la publication anticipée du livre de notre collègue, qui se trouva par le fait connu de tous, et par suite exclu du concours, malgré son mérite (1).

Si la vivisection est discutable , si le point de vue auquel on se place permet de l'envisager tantôt comme une méthode utile de recherches, tantôt comme une cruauté révoltante, y a-t-il un dissentiment possible à l'égard des courses de taureaux ? Et pourtant, vous auriez peine à vous imaginer quelle lutte violente l'intraitable adversaire de ces courses , notre infatigable collègue, eut à soutenir dans le sein même du Conseil, pour triompher d'une opposition qui portait, non sur le fond sans doute, mais sur la forme énergique qu'empruntaient ses dénonciations. Après avoir enrichi votre Bultin d'extraits empruntés à divers ouvrages, et d'une Notice de son cousin, M. Blatin Mazeilhier, notre collègue s'était mis lui-même à l'ouvrage et avait stigmatisé ces jeux cruels, sorte de *circenses* où se joue, comme dans l'arène antique, la vie de véritables bestiaires, les *torreros.* L'opposition regrettable de quelques-uns de ses confrères décida notre collègue à retirer son travail et à l'imprimer pour son compte en dehors du Bulletin. Mais le succès couronna son œuvre, et vous l'avez vue, sensiblement augmentée , reparaître dans une édition nouvelle bien peu de temps avant sa mort (2).

Associé à toutes les démarches qui furent faites par la

---

(1) M. le docteur Blatin ayant accepté cette sentence du comité d'examen, avec sa bonhomie habituelle lorsqu'il s'agissait de lui, le Conseil d'administration, *quoiqu'exclu du concours,* a voulu lui décerner une médaille de vermeil.

« En présence d'un travail qui, par ses qualités saillantes, aurait pu marcher de » pair avec le premier mémoire couronné, le Conseil d'administration a cru juste » d'accorder à M. Blatin un rappel de la médaille de vermeil qu'il a obtenue en » 1867 pour son livre intitulé : *Nos cruautés envers les animaux* (page 252 du Bulletin 1868). » — Veuve Blatin.

(2) Les raisons données par quelques membres du Conseil d'administration pour décider le docteur Blatin à retirer son travail du Bulletin, n'étant d'aucune valeur, il a été imprimé de la page 88 à la page 123 du Bulletin 1863, avec cette note : « L'auteur recevrait avec reconnaissance tous les documents qu'on voudrait » bien lui adresser pour une édition nouvelle. » Un second tirage avec addition a été fait peu de temps après, puis enfin a paru l'édition de 1868. — Veuve Blatin.

Société pour empêcher l'introduction en France de ces spectacles ou de leur ridicules pastiches, M. Blatin eut le chagrin de voir souvent les efforts de la Société échouer contre le désir de se faire une popularité chez certains administrateurs ; mais il ne fut jamais découragé, et, confiant dans les bons instincts de ses concitoyens, il espéra toujours que ces spectacles odieux ne trouveraient pas en France le solide appui de la recette, et de fait, la déconfiture de la Société qui les exploitait au Hâvre pendant l'Exposition, semble lui avoir donné raison.

La race bovine, qui fournit un grand nombre de victimes dans les courses de taureaux, où succombent en plus grand nombre encore les chevaux, et parfois aussi des hommes, fut encore pour le docteur Blatin l'objet de compatissantes préoccupations. D'abord le mode de transport des veaux dans Paris, au sujet duquel M. Blatin, rapporteur d'une commission chargée d'examiner la voiture de M. Fusz, manifesta pour la première fois ses aptitudes, sa compétence et son activité dans notre Société, et plus tard le transport des bœufs sur les voies ferrées, appela son attention et lui fit prendre plus d'une fois la parole ou la plume. Mais ce qui souleva le plus son indignation, ce fut le spectacle des sévices innombrables dont les malheureux animaux de boucherie sont victimes dans les abattoirs. Initié par M. le docteur Carteaux à d'atroces cruautés, il fit avec lui une enquête, releva des faits, et les soumit à votre réprobation dans le rapport collectif que nous devons à ces consciencieux et généreux collègues.

Le mode seul d'abattage peut être la cause de souffrances infiniment plus vives lorsqu'il est défectueux ; aussi M. Blatin a-t-il, à plusieurs reprises, et jusque dans le congrès des Sociétés protectrices, en 1867, remis la question à l'étude. L'assommement, la sidération par section de la moelle, la décapitation, la jugulation ont été discutés par lui avec méthode. Si ses préférences pour la décapitation et, au besoin, pour la sidération, ne sont pas suffisamment justifiées, du moins sa réprobation pour l'égorgement, par la longue agonie qu'impose la méthode juive, a-t-elle trouvé de nombreux adhérents même chez les israélites, et il est probable qu'un jour ou l'autre un accommodement permettra de concilier le rite avec l'humanité.

Quant à l'attelage des bœufs, que vous en dirai-je ? La lutte soutenue entre notre vénéré collègue, feu M. Dutrône, partisan du collier, et le docteur Blatin, propagateur décidé du demi-joug, méritait-elle qu'on y mît de l'ardeur ! Nos deux collègues ne traçaient-ils pas le même sillon dans le champ de la compassion? et lorsque, partis de deux points opposés, ils se sont rencontrés, ayant fait chacun la moitié de la tâche, avaient-ils désormais autre chose à faire que de rendre leurs efforts solidaires? En fait, ils ont tous les deux porté de rudes coups à la routine du joug à deux têtes, carcan incommode jusqu'à la douleur, dont l'utilité est au moins problématique et les inconvénients certains.

De nos animaux domestiques, il en est encore un, le chien, auquel notre collègue a consacré de nombreuses notices. Par suite d'un raisonnement identique avec celui qui l'avait conduit à l'hippophagie, il avait activement réclamé la taxe sur les chiens. « Ils sont souvent abandonnés, meurent de faim ou deviennent enragés! Qu'on tue tous les chiens errants, et qu'on taxe les autres; le maître, qui aura payé à son chien un état civil, lui sera certainement attaché; il saura le garder et le nourrir. » Ici, comme plus haut, est-ce notre rôle? Est-ce à nous à dire ces choses, et si quelque pauvre homme, abandonné des siens, cherche dans la compagnie d'un animal une distraction à sa solitude, faudra-t-il lever sur son cœur un lourd tribut? Faudra-il l'estimer moins misérable parce qu'il prélève sur son bien-être, sur son pain quotidien, la part d'un ami, un aliment à son affection? Ici comme pour le cheval, la marche pouvait être droite; mais le point de départ était en dehors de nos voies, et le but peut-être contraire (1).

Une sage pensée avait sans doute primé tout dans l'esprit du savant docteur. La crainte de la rage pour ses semblables avait fait taire toute autre considération; aussi, non content de diminuer le nombre des chiens, agents de transport de l'horrible maladie, a-t-il cherché, soit par la diffusion de muselières perfectionnées, soit par celle de Notices instructives, dont l'une fut publiée à ses frais en 1865, en dehors de votre Bulletin, à prévenir les accidents, ou à mettre les citoyens à même de s'en préserver (2).

Que vous dirai-je encore, messieurs? puis-je rappeler tous les autres travaux de notre regretté collègue? Puis-je évoquer devant vous la question des oiseaux insectivores, qu'il avait discutée? Puis-je faire passer sous vos yeux quatorze Rapports annuels faits par lui pour la section qu'il présidait dans le Comité des récompenses, et vous reproduire l'appréciation

---

(1) M. le docteur Lobligeois exprime ici une opinion qui lui est purement personnelle, et qui n'a été partagée ni par la Société protectrice des animaux, ni par le Conseil d'Etat, ni par le Corps législatif — Veuve BLATIN.

(2) M. le docteur Blatin, pour des raisons qu'il est inutile d'exposer ici, n'avait pas cru devoir laisser insérer cette note importante dans le Bulletin de la Société. — Veuve BLATIN.

qu'il faisait de tous les appareils, de presque toutes les œuvres littéraires soumises à votre jugement dans cette longue période ? Puis-je reprendre ses communications variées sur des œuvres dont vous lui devez la connaissance, sur la *Théologie de la Nature*, de Strauss-Durkeim, *Le Désert*, *Le Monde aérien*, de M. A. Mangin, *La Vie des animaux*, de M. Jonathan Franklin, sur plusieurs opuscules réunis par lui, sous forme d'un bulletin bibliographique, sur tout ce qui pouvait, de près ou de loin, intéresser votre œuvre ? Faut-il relever, et comment le ferais-je ! les innombrables extraits de journaux ou d'ouvrages dont il bourrait le dossier du secrétaire général, facilitant ainsi le travail de votre Comité de publication? Mais il me faudrait un volume ! Rappelez-vous seulement, en passant, que c'est à l'insertion d'extraits empruntés par lui aux œuvres de Lamartine, que c'est à son initiative personnelle que vous devez les marques de sympathie données alors par le grand poète à votre œuvre. La lettre qu'il vous écrivit alors est, sans nul doute, la plus belle page de votre recueil. Que de choses aurais-je à vous dire, s'il me fallait quitter l'œuvre apparente pour vous faire pénétrer dans le travail intime de votre organisation !

J'ai pu juger notre infatigable vice-président. Secrétaire général pendant trois ans, je lui dois, je le dis hautement, et je dois à lui seul, d'avoir pu remplir, à une époque où nous manquions d'agence, ces fonctions compliquées. Lui seul avait la connaissance des hommes et des choses, lui seul savait tout et était prêt à tout. Organisateur habile, quels services n'a-t-il pas rendus à votre œuvre, lors de l'Exposition universelle, qu'il avait devancée par ses appels réitérés à l'exposition d'appareils utiles aux animaux ! Quelle ardeur, quel zèle merveilleux montrait-il pour organiser votre exposition particulière, soit à Paris en 1767, soit au Hâvre en 1868 (1) ! Quel temps ne sut-il pas dérober à ses affaires, à sa clientèle, et peut-être, hélas ! à son repos, pour paraître toujours à son poste, pour être toujours là, prêt à entraîner une conviction chancelante, des sympathies indécises, et pour faire à l'œuvre un adepte ! Il semblait vraiment se multiplier.

Si quelqu'un de vous, messieurs, se rendant compte de tout le travail prodigué par M. Blatin dans notre Société, de tout

<hr>

(1) C'est à son ardent concours que la Société protectrice dut la médaille d'argent qui lui fut décernée par le jury de l'Exposition du Hâvre. Toutefois, la Société ayant cru devoir refuser d'en acquitter les frais, elle ne lui fut pas délivrée. J'ai donné les ordres nécessaires pour que cette médaille fût frappée, et aussitôt qu'elle m'aura été remise je m'empresserai de l'offrir à la Société comme une récompense que lui a valu le dévouement de son ancien vice-président — Veuve BLATIN.

le temps consacré, soit à ses recherches personnelles, soit au contrôle des efforts étrangers, dans les Commissions les plus importantes dont il faisait toujours partie; dans le Comité de publication; dans le Comité des récompenses, dont il réforma, pour ne pas dire dont il dicta longtemps à lui seul toutes les décisions, — celles du moins qui se référaient aux récompenses méritées par les œuvres intellectuelles ou les appareils; — dans votre Conseil, dont il ne manquait pas une séance; dans vos réunions générales dont il connaissait, immuable qu'il était, toutes les traditions et tous les membres; si quelqu'un, appréciant les dons nombreux faits par notre collègue (1), soit à notre bibliothèque, qu'il a constituée, ainsi que notre collection d'appareils, soit surtout à notre fonds social, dont l'un des premiers éléments fut la capitalisation des primes fondées par lui, si quelqu'un venait à croire que, pour M. Blatin, l'affaire principale de sa vie se bornait à notre œuvre, qu'il se détrompe.

Médecin actif, consciencieux, dévoué, jamais découragé, disputant avec une opiniâtreté inouïe et jusqu'au dernier souffle leurs victimes aux maladies les plus dangereuses, le docteur Blatin avait trouvé dans son art même de nouveaux aliments à son activité.

Membre assidu du Comité d'hygiène de son arrondissement, médecin de l'Orphelinat du Prince Impérial, fonctions qui lui valurent une distinction bien méritée, la croix d'honneur; fondateur, pour une large part, de l'Orphelinat de Saint-Charles; M. Blatin était en quelque sorte membre-né de la Société protectrice de l'Enfance. Fondée pour entreprendre contre un odieux trafic une croisade qui, tôt ou tard, diminuera le nombre des victimes que fait parmi les nouveaux-nés l'industrie honteuse de certaines nourrices, et plus encore l'abandon dissimulé, mais réel et criminel de bien des mères, cette œuvre avait pour vice-président M. Blatin, qui trouvait à dépenser là, comme parmi vous, un zèle infatigable, un dévouement que rien n'a rebuté. Enfin, dans les derniers jours de cette vie si bien remplie, M. Blatin avait pris à cœur de faire triompher encore une idée, de rendre à ses semblables encore un service. Notre collègue, M. Decroix, voulait fonder

---

(1) La note suivante figure en cet endroit au bas de la notice imprimée dans le Bulletin de juin : « M. le docteur Blatin avait donné 2,000 francs au fonds social (24 juin 1857). » Elle n'est pas de l'auteur, il n'aurait pas commis cette erreur; ces 2,000 francs ont été versés pour fonder un prix (page 5 de cette notice); ce sont bien ceux-là, M. Blatin n'ayant versé que cette fois une somme aussi forte. C'est seulement par son testament qu'il a fait à la Société un don plus considérable. La souscription pour le fonds social n'a été ouverte qu'en février 1868 (page 69 du Bulletin); le nom du docteur Blatin figure sur les deux listes de l'année. — Veuve BLATIN.

une Association contre l'abus du tabac. Il trouva le docteur Blatin tout prêt à signaler avec énergie les dangers de cette drogue stupéfiante. Apporter à M. Decroix son assistance pour fonder une Association destinée à lutter contre la consommation croissante d'une denrée funeste, recruter à cette Société des membres, propager par la publicité ses doctrines hygiéniques, et dépenser là son ardeur habituelle, son argent et son temps, ce fut pour l'énergique docteur chose toute naturelle.

Et pourtant, la maladie implacable désignait à la mort sa prochaine victime. Cloué sur son lit par la paralysie et de vives douleurs, M. Blatin n'oubliait pas les œuvres de sa vie. L'intégrité de son intelligence lui permettait de mettre à profit de longues insomnies pour la poursuite de son but, et c'est ainsi qu'absent il fut jusqu'au bout l'un des vôtres.

Honneur, messieurs, à cette vie de labeur et de dévouement! Honneur à l'homme honnête et simple que paraient ses œuvres! Le vide qu'il laisse parmi nous sera difficilement rempli; celui qu'il laisse dans l'affection et l'estime de ses amis ne devrait jamais l'être. — A chaque pas que nous ferons dans la carrière qu'il parcourait avec nous, nous retrouverons de lui quelque souvenir : ne passons pas indifférents! Que l'homme de bien qui a tant fait pour moraliser ses semblables trouve au moins chez eux, comme il en est digne, sympathie et gratitude (1)!

----

(1) A la page 302 du Bulletin de la Société protectrice des animaux, 1869, se trouve dans un des procès-verbaux des séances le paragraphe suivant :

« M. Sibire fait ensuite ressortir la valeur morale de ce travail. Après avoir subi » les modifications qu'on semblait regretter tout à l'heure, la notice devient en » quelque sorte l'expression de la pensée du Bureau et du conseil, par conséquent » de la Société. Ce n'est plus une œuvre individuelle, c'est un hommage collectif » et éclatant rendu à la mémoire du docteur Blatin. »

Il semble résulter de cet extrait du procès-verbal de la séance du 15 juillet 1869, que la notice rédigée par M. le docteur Lobligeois n'a été l'expression de la pensée de la Société qu'après les suppressions et modifications qu'elle a subies dans le Bulletin de la Société; cela n'est pas exact. C'est au comité de publication de la Société que sont dues les coupures qui l'ont amoindrie dans son Bulletin. — Veuve BLATIN.

NOTICE BIOGRAPHIQUE SUR M. BLATIN

PAR M. A. BARDOUX, AVOCAT A CLEMONT - FERRAND (1).

« Tu ne diras de bien de moi qu'à mon ombre, » écrivait un jour Erasme.

M. Henry Blatin, né à Clermont, avait en lui les facultés qui font toujours réussir : une grande netteté de vues, et une opiniâtreté calme et sans brusquerie, pour atteindre le but arrêté.

Il y joignait une rare originalité d'esprit, une façon spéciale et tout à fait personnelle de juger les événements et les hommes, de la finesse sans fiel voilée sous la bonhomie, et une richesse d'imagination que le bon sens tourna, bien vite, vers les choses utiles.

Ses confrères ont raconté avec autorité ce qu'il fut comme praticien. Sera-t-il permis à un ignorant d'ajouter que Henry Blatin avait des qualités presque maternelles dans la manière dont il distribuait les soins à ses malades ? Les minuties ne le rebutaient pas, pas plus que le désintéressement ne le lassait.

Mais ce n'est pas à sa science médicale que nous voulons consacrer ces quelques lignes ; c'est à son cœur. Il en eut beaucoup, sans sensiblerie et sans ostentation.

On a énuméré ses nombreuses fondations charitables ou philanthropiques : l'un des fondateurs de l'orphelinat Saint-Charles, de la Société protectrice de l'enfance, de la Société protectrice des animaux, protecteur de l'institution des Petites-Sœurs des Pauvres ; partout sa préoccupation première et constante est d'élever l'enfant pauvre, de lui apprendre avec les premières lettres l'indulgence et la piété.

C'est là un signe irrécusable de grandeur morale autant que d'exquise bonté.

Le ridicule ne l'effrayait jamais ; le docteur Blatin avait la flamme sacrée qui brûle tous les obstacles, et il la communiquait à ses coopérateurs.

Il fut tourmenté jusqu'à la dernière heure par cette passion d'être utile aux autres.

Frappé mortellement et connaissant son mal, il ne voulait pas moins se faire transporter dans une réunion publique, y

____

(1) Extrait de l'*Indépendant du Centre,* 9 avril 1869.

parler contre l'abus du tabac. Il serait mort volontiers sur son fauteuil de président de l'Association, comme à un poste d'honneur.

Un autre sentiment le dominait encore, c'était l'amour de sa province et de sa ville natale. Il s'intéressait à tous les développements de notre industrie, comme à tous les succès de ses compatriotes.

Avec quelle joie, à l'Exposition universelle, il signalait les produits d'Auvergne, quels qu'ils fussent! Il n'entendait pas raillerie sur le chapitre de son pays.

Faut-il dire, maintenant, quel long martyre a terminé sa carrière, son courage dans la douleur, et comme récompense de cette vie consacrée à l'humanité, la foule émue se pressant à ses funérailles?

Faut-il dire qu'il y avait, dans son amitié, une fidélité, un goût, un tact où ne peuvent atteindre ceux qui sont nés médiocres?

Un citoyen utile, un bienfaiteur de tous les êtres souffrants, un de nos meilleurs et plus intelligents compatriotes est mort: gardons son nom et son souvenir.

L'avenir tient-il en réserve beaucoup de ces âmes généreuses et ardentes, beaucoup de ces cœurs qui ne connaissent jamais la haine et l'égoïsme?

NÉCROLOGIE

PAR M. LE DOCTEUR CAFFE (1)

Blatin (Henry-Oradoux), docteur en médecine, reçu en 1839, ancien interne de l'Hôtel-Dieu de Clermont-Ferrand (Puy-de-Dôme) et des hôpitaux civils de Paris, ancien serétaire général de la Société médicale d'émulation et de la Société médico-pratique, membre de la Société médicale du Temple, de la Société phrénologique de Paris; fondateur et vice-président de la Société protectrice de l'enfance, vice-président et fondateur avec Parisot, Paganel, Hamon, Caffe, etc., de la Société protectrice des animaux, qui compte aujourd'hui plus de trois mille adhérents, et qui est reconnue comme établissement d'utilité publique; président du Comité institué pour propager et réglementer l'usage de la viande de cheval; président de l'Association française contre l'abus du

(1) Extrait du *Journal des connaissances médicales*, avril 1869.

tabac ; membre titulaire de la Commission d'hygiène du sixième arrondissement; membre honoraire de la Société médico-chirurgicale de Paris ; médecin de l'Orphelinat du Prince Impérial ; membre de la Commission de tutelle des orphelins de 1848 ; membre correspondant des Sociétés médicales de Clermont-Ferrand, de Bordeaux, Alger, Dijon, Lyon, Hambourg ; membre de la Société des inventeurs et artistes industriels de Paris ; membre associé correspondant de l'Académie des sciences, arts et belles-lettres de Clermont-Ferrand, de la Société d'agriculture, sciences et arts de Poligny (Jura) ; membre honoraire des Sociétés protectrices des animaux de Trieste, Hambourg, Riga, Prague, Dresde, Sicile, Vienne, Bruxelles, etc., lauréat de plusieurs Sociétés et de la Société nationale d'encouragement au bien ; médaillé du choléra, ancien chirurgien de la garde nationale du dixième arrondissement ; chevalier de la Légion-d'Honneur en 1862, sur la proposition du Ministre du commerce, de l'agriculture et des travaux publics.

Henry Blatin est né en 1806, à Clermont-Ferrand, d'un père médecin de l'Hôtel-Dieu et professeur à l'Ecole de médecine de cette ville, où tous les membres de la même famille conservent un rang distingué.

Une des rues de cette ville porte le nom de Blatin.

Henry Blatin est mort à Paris, après une agonie de sept mois ; pendant tout ce temps, il a reçu les soins de ses nombreux amis, et spécialement des docteurs Homolle et Mongeale, si parfaitement secondés par le dévouement et la douceur inaltérable de sa jeune femme.

L'agonie de Blatin était due à une paralysie qui le clouait sur son lit, lui si actif, si zélé, en lui laissant toute l'intégrité de son intelligence ; il en a profité pour ordonner ses dispositions testamentaires, entre autres un convoi des plus modestes, montrant ainsi un exemple, qui devrait toujours être imité, d'honnêteté et de jugement. Ce luxe d'un injurieux orgueil, qui repousse la douleur, doit être remplacé par de bonnes œuvres ; c'est ce qu'a fait Blatin.

Son testament distribue pour 75,000 fr. de legs entre 24 légataires ; il donne 4,000 fr. à la société générale des médecins de France, et 3,000 fr. à la Société des médecins de la Seine.

La bibliothèque de Clermont-Ferrand hérite de ses livres sur les sciences médicales, 450 volumes. Les musées des villes de Riom et de Clermont reçoivent en cadeau des tableaux. Il donne à la bibliothèque de la Société protectrice des animaux, qu'il avait fondée, tous ses livres qui ne sont pas exclusivement médicaux, 400 volumes environ et la propriété légale et perpétuelle de son ouvrage intitulé : *Nos Cruautés envers les animaux au détriment de l'hygiène, de la fortune publique et de la morale*, ouvrage publié en 1867, qui a été couronné par plusieurs Sociétés et qui a fait décerner à son auteur des médailles en vermeil, en argent et en bronze.

Le musée de la ville de Clermont-Ferrand reste dépositaire des différentes médailles qui furent offertes à son concitoyen : une médaille du choléra, une médaille d'honneur de la Société d'encouragement au bien, deux médailles du Ministère d'agriculture et du commerce pour invention d'appareils servant au soulagement des animaux, neuf médailles des Sociétés françaises et étrangères protectrices des animaux, dont six en vermeil et trois en bronze; une médaille d'encouragement du prince Adalbert de Prusse, etc.

Blatin, incessamment actif, était toujours à la recherche de quelque découverte qui fût utile à pratiquer. Son habileté à manipuler le plâtre lui facilitait la composition sans cesse de nouveaux et ingénieux modèles d'instruments, d'appareils, etc., il a livré à l'industrie de nombreux et ingénieux procédés et instruments nouveaux, entre autres :

1° *Une boucle avec ardillon à retrait*, permettant de déharnacher instantanément un cheval abattu.

2° *Un arcanseur*, aidant à gravir les côtes.

3° *Différents freins* appliqués aux voitures de travail.

4° *Un scarificateur* nouveau remplaçant le scarificateur allemand.

5° *Une ventouse en caoutchouc* dite à refoulement, fonctionnant par la pression de la main.

6° *Un siphon à refoulement* s'amorçant par la pression de la main.

7° *Une brosse en flanelle*, pour frictionner la peau.

8° *Un bonnet réfrigérent.*

9° *Une cuiller à potion*, pour faire boire les malades dans la position horizontale.

10° *Un épithème fomentation*, remplaçant dans leurs applications les fomentations et les cataplasmes.

11° *Une canne filtre*, pour clarifier et assainir l'eau trouble et corrompue.

12° *Un amygdalotome.*

13° *Une sangsue artificielle.*

14° *Un appareil sustenseur éliçoïde.*

15° *Un biberon sein.*

Blatin donnait son temps, son argent, son énergie à tout ce qu'il estimait bon, utile ; il ne manquait jamais de visiter toutes les expositions d'art et d'industrie à Paris, en province et à l'étranger. Ses clients, qui devenaient tous beaucoup trop ses amis, au détriment de sa fortune, avaient ses prédilections ; il passait souvent des nuits entières auprès d'un malade qui lui inspirait des craintes, et quand il croyait pouvoir conjurer un danger.

En 1848, il fut porté à la présidence du club républicain du Puy-de-Dôme formé à Paris, qui tenait ses séances au Palais de Justice, en opposition au club révolutionnaire ; il eut le bonheur de concilier les inimitiés politiques, et aucun des 400 membres de ce club ne combattit pendant les journées de juin.

En 1854, il eut l'idée avec deux amis de fonder l'orphelinat Saint-Charles, qui reçoit aujourd'hui 150 enfants de deux à neuf ans. Tous les frais furent supportés par les trois fondateurs, mais la propriété de cette fondation une fois établie, comme toujours, la maison passe entre les mains exclusives d'un ordre religieux. Ces derniers possèdent le don de perpétuité ; une inscription lapidaire attend donc encore le nom de Blatin et de ses deux co-fondateurs.

Les ouvrages, les mémoires publiés par Blatin, sont variés et nombreux. Nous rappelons les suivants :

1° *De la formation et du mode d'accroissement des dents;*

2° *Des enveloppes du fœtus et des eaux de l'anios;*

3° *Instruction pratique sur le choléra-morbus*, distribuée aux habitants de la commune de Bazancourt (Marne), pendant sa mission dans cette commune, dans celles de Bourgogne et d'Yle, en 1832 ;

4° *Mémoires sur les maladies scrofuleuses, les polypes utérins;*

5° *Leçons orales de Broussais sur la phrénologie.* Paris, 1839;

6° *Traité des maladies des femmes*, en collaboration avec le docteur Nivet, 1 vol. in-8°. Paris, 1842;

7° *De la rage chez les chiens*, et des mesures préservatrices, broch. in-8°. Paris, 1863 ;

8° *Usage alimentaire de la viande de cheval.* Banquet des hippophages, broch. in-8°, 1865;

9° *Nos cruautés envers les animaux*, au détriment de l'hygiène, de la fortune publique, de la morale, 1 vol. in-12, 1867;

10° *Les courses de taureaux* (Espagne et France), broch. in-8°, 1868.

OBSÈQUES DE M. LE DOCTEUR HENRY BLATIN.

Un des membres les plus actifs de la Société protectrice des animaux, à Paris, a succombé le samedi 27 mars aux atteintes d'une paralysie, qui le tenait depuis près de sept mois sur son lit de douleur.

La maladie s'était d'abord déclarée avec une grande intensité, puis, vers le deuxième mois, grâce à une médication savante que dirigeait le malade lui-même, le mal avait paru céder et tous les symptômes faisaient espérer une guérison, sinon prochaine, sinon radicale, du moins assez complète, pour permettre au docteur Blatin de s'occuper des travaux des diverses Sociétés qu'il avait fondées ou dont il faisait partie.

La paralysie resta ainsi stationnaire, limitée aux membres, jusqu'au mois de mars. L'esprit du malade avait conservé une lucidité et une activité merveilleuses. Le docteur Blatin recevait ses amis et entretenait sa correspondance, qu'il dictait avec une netteté parfaite. « A mon retour, » dit M. Bourguin dans une lettre, « je fus singulièrement touché de l'entendre
» dire que, s'il devait renoncer à l'exercice de sa profession,
» il n'en aurait que plus de temps à donner aux institutions
» qu'il avait contribué à fonder. Ces simples mots montraient
» bien l'homme habitué à placer les intérêts de l'humanité
» au-dessus de ses intérêts personnels. Sur son lit de souffrance,
» il semblait en effet retrouver son activité pour le succès des
» œuvres auxquelles il s'intéressait. »

Tout-à-coup il s'éteignit en faisant aux siens de touchants adieux dans l'après-midi du samedi 27 mars.

Ses obsèques ont eu lieu le lundi de Pâques. Un cortége nombreux accompagnait le cercueil de cet homme qui avait consacré sa vie au progrès et à la réussite d'un grand nombre d'œuvres utiles.

De l'église Saint-Germain-des-Prés, où l'absoute a été faite, le convoi s'est rendu au cimetière du Mont-Parnasse, où la bière a été déposée dans un caveau provisoire, en attendant l'érection du tombeau définitif.

Blatin avait prescrit que ses funérailles fussent très-humbles, et la famille s'est conformée à ses dernières dispositions.

Sur le bord de sa tombe, M. Amédée LATOUR, rédacteur en chef de l'*Union médicale*, s'est exprimé ainsi :

Messieurs,

Au milieu d'une occupation absorbante, j'apprends la mort de Blatin, et j'accours le cœur ému, au nom de l'Association générale, dont il a été l'un des généreux donateurs, au nom de la Société l'UNION MÉDICALE, dont il a été l'un des fondateurs, au nom de l'amitié, donner l'adieu suprême à l'ami de trente années, au confrère aimable et digne, à l'esprit ingénieux, au cœur ardent, généreux et bienfaisant, au caractère droit, sûr et loyal, à cette nature aimante, dévouée et sensible, à notre cher Henry Blatin, dont la mort nous inspire de si légitimes regrets.

Blatin, né à Clermont en 1806, d'une famille honorable et distinguée, meurt à soixante-trois ans, après une lente et douloureuse agonie de sept mois, pendant laquelle son courage, sa fermeté, sa résignation ont été admirables. Aussi, de quels soins pieux et tendres il a été entouré par ses amis, et surtout par la douce et aimable compagne qu'il s'était donnée, et dont l'affection dévouée, courageuse, infatigable mérite, messieurs, toute notre reconnaissance !

Vie bien remplie que celle de Blatin ! L'art médical lui doit une monographie estimée sur les maladies des femmes, faite en collaboration avec M. le docteur Nivet ; des procédés, des instruments, des appareils acceptés par les praticiens, et surtout fort appréciés des pauvres malades ; car, ce qui a caractérisé la vie médicale de notre ami, c'est la sollicitude inquiète pour l'être souffrant, c'est le désir, le besoin de le soulager, c'est la pitié dans ce qu'elle a de plus ingénieux et de plus touchant ; aussi Blatin était-il adoré de ses clients.

Cette pitié a fait le charme et l'activité de sa vie. Il l'a épanchée avec une prodigalité inépuisable sur tous les êtres de la création, et sa main bienfaisante, on la retrouve partout, dans toutes les épidémies de choléra, dans les Commissions d'hygiène, dans la fondation avec deux hommes généreux, M. Frère et M. l'abbé Bayle, de ce grand orphelinat Saint-Charles, où plus de mille enfants abandonnés ont trouvé les soins et la tendresse de la famille ; dans son concours efficace à l'Institution si respectée des Petites-Sœurs des Pauvres, dans la fondation de la Société protectrice de l'Enfance, de nos deux Associations professionnelles, de l'Association contre l'abus du tabac; enfin, à la Société protectrice des animaux, dont il fut l'un des fondateurs, et à laquelle, depuis un quart de siècle, il a prodigué son cœur, son intelligence et son activité.

Membre et plusieurs fois dignitaire de plusieurs Sociétés médicales, de Commissions scientifiques ou administratives, chirurgien de la garde nationale, partout Blatin a fait preuve de zèle, de dévouement, de ce sentiment du devoir qui rendaient partout son concours précieux, parce qu'il était toujours intelligent et empressé.

Digne et malheureux ami, repose en paix! Il y a des existences plus retentissantes, il n'y en a pas eu de plus modestement et de plus efficacement bienveillantes! Ton âme ouverte à toutes les aspirations compatissantes a semé le bien sur cette terre où les esprits tendres et généreux trouvent toujours du bien à faire. Tout s'efface, hélas! des œuvres de l'esprit; seuls, les actes du cœur jouissent de la perennité du souvenir. Le tien ne périra pas, cher ami, car c'est aussi de toi qu'on peut dire : *Transiit benefaciendo!* (1).

Au nom des Sociétés médicales dont M. Blatin faisait partie, M. Homolle a prononcé les paroles suivantes :

Messieurs,

Je ne puis me séparer du docteur Blatin, auquel m'attachaient tant de liens d'affectueuse confraternité, sans vous dire quelques mots de celui que nous avons perdu.

Un autre de ses amis, son collaborateur dans la plupart des œuvres auxquelles est attaché son nom, vous fera connaître sa carrière féconde et quel sillon il a tracé dans la science sociale et dans la médecine. Je ne veux vous parler que de l'homme et du praticien.

Il y a vingt-deux ans, le corps médical de France tout entier, réuni pour la première fois en grandes assises ou mieux en états généraux, publiait ses cahiers de doléances et discu-

(1) Extrait de l'*Union Médcale*, 1er avril 1869.

tait les grandes questions sociales, scientifiques et professionnelles que soulève la médecine. C'est sous l'influence de cette magnifique manifestation du congrès médical, où s'étaient fait jour les aspirations des médecins vers l'association et la solidarité, que nous fondions, Blatin et moi, dans le Xe arrondissement d'alors, la première Société médicale d'arrondissement de Paris.

Depuis, nous ne nous étions jamais perdus de vue. Habitant le même quartier, nous remplaçant mutuellement pendant les rares et les courtes absences que permet la pratique médicale, j'avais pu apprécier tout ce que contenait de bon cette nature énergique, chercheuse et tenace.

Nul n'a porté plus haut le sentiment de la dignité professionnelle ; nul n'a montré plus de droiture et de loyauté dans ses relations confraternelles.

Chez ses clients, dont son zèle et son dévouement inépuisables avaient bientôt fait des amis, j'ai pu souvent constater quelles ressources inattendues savait trouver son esprit inventif dans cette lutte suprême que le médecin soutient contre la maladie.

Vous savez quel long martyre a terminé avant le temps la carrière de notre ami.

Lui, l'activité même, enchaîné par l'impuissance absolue de se mouvoir, et ne vivant plus en quelque sorte que par la tête !

Sa vive imagination, repliée sur elle-même, ajoutait à ses souffrances et lui créait de nouveaux tourments.

Le repos, si souvent appelé par lui, est enfin venu clore ce long supplice.

Nous devons nous en féliciter dans l'espoir que le bien qu'il a fait sur cette terre lui sera compté dans un monde meilleur (1).

____

(1) Extrait de l'*Union Médicale*, 1er avril 1869.

M. Alex. Mayer, secrétaire général de la Société protectrice de l'enfance, au nom de cette Société :

Messieurs,

Pour la première fois un douloureux devoir m'est imposé au nom de la Société protectrice de l'Enfance : celui de parler devant une tombe ouverte et d'adresser les derniers adieux à un collègue bien-aimé.

M. le docteur Blatin fut l'un des premiers qui répondirent à mon appel, et m'offrirent leur concours lorsque j'entrepris de créer une institution aujourd'hui prospère, mais difficile à son début. J'eus occasion alors d'apprécier la générosité de son cœur et son ardente sympathie pour toutes les souffrances. Dès ce moment aussi se cimentèrent entre nous les liens de la plus étroite amitié. M. Blatin, absorbé déjà par les soins qu'il donnait à la Société protectrice des animaux, s'était épris de la plus vive sollicitude pour l'Œuvre nouvelle qui venait combler une regrettable lacune, et mettait à notre service les trésors d'expérience qu'il avait puisés dans une longue pratique des choses de la philanthropie.

Et pouvait-il en être autrement? Celui qui compatit à la douleur chez la brute ne saurait demeurer indifférent au sort de ses semblables, quand il s'agit surtout d'êtres faibles et désarmés, comme les enfants exilés du foyer paternel. Aussi M. Blatin embrassa-t-il avec empressement la cause sacrée que nous allions défendre en commun.

Nommé vice-président de la Société, dès l'origine, il fut réélu successivement chaque année, et demeura un modèle d'exactitude à nos réunions jusqu'à ce que, terrassé par la maladie qui devait le conduire au tombeau, il crut de son devoir de résigner des fonctions qu'il savait ne plus pouvoir remplir. C'est à son instigation que fut créée, parmi nous, la classe des membres à vie par le rachat de la cotisation, et le premier il voulut acquérir ce titre, joignant ainsi l'exemple au précepte. Dans ces derniers jours encore, son inépuisable générosité se traduisait en notre faveur par un don qui, dans sa pensée, ne devait être que le témoignage atténué de ses dispositions pour une Œuvre qu'il avait à cœur de consolider. C'est lui-même qui m'en faisait la confidence, dans un de nos derniers entretiens.

Notre digne confrère était doué, au plus haut point, des qualités aimables qui attirent les âmes et les fixent à jamais. Sa mansuétude ingénieuse à excuser toutes les faiblesses, et sa bonté native qui s'apitoyait sur toutes les misères, en ont fait le type, parmi ses contemporains, du médecin accompli, c'est-à-dire de l'homme de bien, dévoué à sa profession, et trouvant jusque dans ses loisirs à servir encore l'humanité.

La Société protectrice de l'Enfance perd en M. le docteur Blatin une de ses espérances les plus chères. Personne, mieux que moi, ne peut dire tout le bien qu'il lui voulait et qu'il n'eût manqué de lui faire. Elle perd aussi en lui un guide et un conseil dont elle a pu juger la valeur. Pourquoi faut-il que de tels hommes soient enlevés, avant l'heure, à la mission bienfaisante qu'ils remplissent ici-bas? Insondable mystère!

Et maintenant, ô mon cher collègue! recevez pour la Société que je représente ici, et pour moi-même, qui ai eu le bonheur, trop court hélas! de vous connaître et de vous apprécier, recevez le suprême adieu que je vous dis bien tristement, et laissez-moi croire que, du séjour des élus, vous veillerez encore sur les destinées d'une Œuvre qui vous fut si chère en ce monde. Adieu! (1).

M. P.-B. FOURNIER, président de la Société protectrice des animaux, au nom du conseil d'administration de cette Société:

Mes chers collègues,

Approchons-nous de cette tombe et disons un dernier adieu à celui qu'elle nous ravit; associons-nous dans la même pensée, dans la même estime, dans les mêmes regrets; nous lui devons cet hommage, car il était de ceux dont la perte fait un vide que l'on peut combler sans doute, mais qu'on n'oublie jamais.

---

(1) Extrait du Bulletin de la *Société protectrice de l'Enfance,* mai 1869.

Je ne m'attendais pas, quand vous m'avez placé à votre tête, à venir sitôt, et pour le docteur Henry Blatin surtout, revendiquer l'honneur, à la fois triste et précieux, d'être ici votre interprète. Laissez-moi un instant vous rappeler ce qu'il fut pour cette Société protectrice des animaux qu'il aimait tant, et puisse votre sentiment prêter à mes expressions ce qui leur manquera certainement pour être une touchante expression du cœur !

Oui, nous lui devons cet hommage.

Qui sait si ce n'est pas par l'énergie, l'ardeur prodigieuse qu'il déployait pour les intérêts de notre Société qu'il a usé sa vie avant l'âge où l'homme voit tomber ses facultés ! Et comment en douter ? Depuis plus de six mois que la souffrance l'a étreint, l'a séparé de nous, quelles ont été ses pensées, ses préoccupations ? La Société, l'avenir de la Société. Quand il avait cette exubérance de force et d'activité qui nous surprenait tous, quelles étaient ses pensées, ses préoccupations ? L'accroissement, la prospérité, la puissance de la Société. N'en a-t-il pas été le membre le plus militant, le plus assidu, le plus laborieux, et n'a-t-il pas acquis tous les droits aux sympathies qui nous réunissent, — les droits aussi à l'oubli d'écarts échappés à l'excès du zèle et du dévouement (1) ?

Pour bien comprendre le docteur Henry Blatin, il faut l'avoir suivi, l'avoir observé pendant les vingt-quatre ans d'existence que compte notre Société, dont il fut l'un des fondateurs ; il faut l'avoir vu antagoniste énergique de ceux qu'il croyait opposés à la marche de l'œuvre ; l'avoir vu par des discussions fermes et précises, des exposés clairs et sérieux, par la fécondité de sa plume infatigable, lutter, lutter encore, se faire écouter, commander l'estime et mériter cette vice-

(1) Cette phrase m'ayant paru peu claire à cause du mot « écarts » j'ai eu l'honneur d'adresser une lettre à M. le président pour le prier de vouloir bien faire insérer une note explicative dans un Bulletin suivant. Cette question a été portée au sein du Conseil : voici la solution qui m'est adressée par M. Dehais, membre du Conseil d'administration et trésorier de la Société. Je la transcris ici : « A la dernière
» séance du Conseil, M. Fournier a déclaré (et il était bien inutile qu'il le fît, tant la
» chose était certaine pour tous), M. Fournier, dis-je, a déclaré que rien n'était plus
» loin de sa pensée, que d'infliger un blâme à la mémoire de notre regretté vice-
» président, les expressions « excès de *zèle* et de *dévouement* » écartant selon lui
» suffisamment toute idée pareille ; et sa phrase n'étant qu'un appel à l'oubli pour
» quelques différends personnels, comme ceux qui surgissent parfois entre collè-
» gues, également honorables et zélés, mais dont les vues ne sont pas toujours
» d'accord. Quoiqu'il en soit, madame, il suffit que l'erreur ait pu se produire dans
» quelques esprits pour que vous soyez parfaitement fondée à demander une courte
» note explicative. » — Veuve BLATIN.

présidence que lui ont conférée quinze suffrages annuels qui l'auraient porté plus haut, s'il n'avait borné là son ambition par un motif dont il a gardé le secret, mais que les faits ont suffisamment expliqué.

Sans doute, il pensait qu'en restant au second plan il aurait la disposition plus libre de son temps pour rendre les services qu'il concevait, qu'il prévoyait sans cesse ; pour concilier les exigentes et nombreuses obligations du médecin avec les travaux nécessaires à la propagation de nos principes ; pour avoir des loisirs qui lui permissent de suivre l'expérimentation des appareils protecteurs qui nous étaient soumis et construire lui-même ceux qu'il imaginait ; pour grossir enfin nos listes d'adhérents qui ajouteraient à la force du nombre celle de l'intelligence secondée par le savoir.

Homme de l'idée, il courait après l'idée bonne à réaliser, et, comme tout savant véritable, ne se croyant pas infaillible, il ne se prononçait jamais sans avoir bien vu et bien examiné.

On lui parle d'introduire dans l'alimentation la viande de cheval. Il saisit la question, l'étudie, se convainc de l'innocuité de cette nourriture et de l'économie considérable qu'elle offre à qui n'a que de faibles ressources pour vivre, et le voilà partisan intrépide de cette idée adoptée en cent endroits en Allemagne. Que de combats alors il eut à soutenir? On ne brave pas sans peine le sentiment souvent plus fort que la raison ; mais il semblait retremper sa conviction dans les difficultés mêmes, tant était grande sa ténacité dès qu'il se proposait un but à atteindre.

Lorsqu'il nous fut donné, à M. Bourguin, notre ami commun, et à moi, de poser en principe que le progrès de l'œuvre tient pour la très-grande partie à l'éducation des enfants et qu'il y a avantage à encourager à ce point de vue les personnes qui ont à diriger l'enfance, c'est lui qui nous comprit le mieux et il n'a pas peu contribué à soutenir, à développer cette idée qui fait aujourd'hui son chemin (1).

(1) Cette idée, quoi qu'en dise l'auteur du discours, remonte beaucoup plus haut. Dans la première réunion de la Société, M. Parisot de Cassel disait: « Leur tendance » indirecte et profondément moralisatrice est d'arriver par cette voie à influer sur » l'éducation, sur les premières impressions de l'enfance, et, par conséquent de com- » battre dans leur origine des dispositions à la cruauté. » (1re page du Bulletin 1845.)

En 1856, le docteur Blatin faisait un rapport sur le journal la Presse des Enfants; il disait : « .... Eh bien, ses renseignements précieux, qui manquaient à l'enfance ou » qu'on lui présentait parfois sans art et sous la forme la moins attrayante, commen-

Mais nous n'aurions pas, pour inscrire son nom au souvenir impérissable de la Société, son habile et infatigable coopération de chaque jour, que des travaux écrits seraient là, dignes de cette justice au double titre du nombre et du mérite. Parcourons nos Bulletins, cherchons combien de fois il y a affirmé l'autorité de son savoir, et nous le placerons au premier rang de nos travailleurs. Son ouvrage seul : *Nos cruautés envers les animaux*, lui donne le droit à ce premier rang. N'y a-t-il pas touché à toutes les questions qui intéressent la Société? Avec quelle véhémente indignation il flétrit les combats de taureaux et tous les jeux sanglants qui offensent la civilisation; cet abus de la force envers les animaux de toute espèce, envers ces chevaux, bons serviteurs si mal récompensés, envers ces oiseaux proscrits par des amusements irréfléchis ou pour quelques grains, quelques fruits mangés, quand ils sauveraient de myriades d'ennemis les produits toujours assez abondants de nos cultures. C'est assurément l'un des meilleurs ouvrages qui aient été publiés en vue d'éclairer les hommes sur des intérêts trop négligés et de prouver à ceux que l'égoïsme ou l'indifférence fait sourire à l'idée de protéger les animaux, qu'il y a là une grande et profonde question humanitaire; c'est un ouvrage enfin qui, surtout par la pensée qu'il est le dernier travail de son auteur, ajoute à l'amertume des regrets que nous cause la perte de cette belle intelligence.

Adieu, cher docteur, repose en paix dans le séjour où le Dieu des miséricordes vient d'appeler ton âme; le souvenir de ta rare activité nous soutiendra dans notre tâche qui fut la tienne. Oui, si jamais nous nous sentons pris de tiédeur et de découragement, ces mots seuls : *que n'est-il encore avec nous!* sauront nous ranimer contre ces défaillances qui amoindrissent toujours, si elles ne les anéantissent pas, les plus sages, les meilleures conceptions humaines.

Adieu, dors en paix! (1)

» cent à pénétrer dans le foyer domestique, à franchir le seuil des écoles et des » pensionnats.. .. » Il concluait en demandant des encouragements pour l'auteur, M. Meunier. (Page 75 du Bulletin.)

En 1859, une médaille d'argent est décernée *à l'instituteur* Schœffer pour avoir organisé dans sa commune un enseignement qui apprend *aux enfants* ce qu'on doit aux animaux (page 298). M. Fournier n'a paru sur les listes de l'administration qu'en 1865.

(1) **Extrait** du Bulletin de la *Société protectrice des animaux,* mars 1869.

M. E. Decroix, au nom du Comité d'hippophagie et de l'Association française contre l'abus du tabac :

Après les discours que vous venez d'entendre et qui redisent si bien la vie honorable et toute de dévouement de M. le docteur H. Blatin, je n'ajouterai que quelques mots pour vous faire connaître sa coopération dans la *propagation de l'usage alimentaire de la viande de cheval* et dans la fondation de notre *Association française contre l'abus du tabac.*

Lorsque I. Geoffroy Saint-Hilaire commença à faire ressortir les qualités alimentaires de la viande de cheval, il eut immédiatement l'adhésion et le concours efficace du docteur Blatin.

Plus tard, lorsqu'un comité spécial de propagande s'organisa à Paris, le docteur Blatin fut un de ses fondateurs et voulut bien en accepter la présidence.

Dans cette fonction délicate, où il y avait à lutter contre un vieux préjugé, et surtout contre l'indifférence des masses, il déploya tant d'activité et montra tant de prudence, que le Comité finit par triompher de tous les obstacles.

Aujourd'hui l'hippophagie a assez fait de progrès en France pour que le succès puisse en être considéré comme complétement assuré. Donc, Messienrs, au nom de notre *Comité de propagation,* honneur et reconnaissance au docteur H. Blatin.

Un second sujet sur lequel vous me permettrez d'appeler votre attention, c'est la fondation d'une *Association française contre l'abus du tabac,* c'est-à-dire contre une habitude coûteuse que l'on prend ordinairement par imitation ou par désœuvrement, dont on devient ensuite l'esclave et qui, trop souvent, porte de graves atteintes à la santé et à la morale.

Mesurant toute l'importance, toutes les difficultés de l'entreprise, le docteur Blatin se mit à l'œuvre avec l'ardeur dont il était toujours animé quand il s'agissait d'être utile à ses semblables.

Nommé président du Comité d'organisation en 1867, H. Blatin dirigea si bien les travaux et régla si bien les démarches administratives que l'Association fut autorisée, en 1868, par arrêté préfectoral, à se constituer officiellement.

Mais quelque temps après, notre ami fut frappé par la maladie à laquelle il a succombé. Malgré de cruelles souffrances, qui anéantissaient le corps en respectant l'intégrité de l'esprit, il voulut continuer à prendre part aux travaux de l'Association, et lorsqu'on l'engageait à se décharger du fardeau de la direction des affaires : « Laissez-moi m'en occuper, répondait-il, c'est une de mes plus chères distractions. »

Au mois de janvier de cette année, le Conseil d'administration le choisissait pour président et lui témoignait ainsi combien il appréciait les services qu'il avait rendus à l'œuvre. Grâce à cet honneur il continua à présider toutes les réunions du Conseil et des Commissions, fit une grande propagande dans ses relations personnelles, prit d'abord une large part à la souscription destinée à subvenir aux premiers frais de l'Association, et fit ensuite un don important en vue d'en assurer le succès dans l'avenir.

Ainsi vous le voyez, Messieurs, celui à qui nous témoignons en ce moment nos légitimes regrets a consacré une partie de ses ressources, de ses veilles et de son activité à faire triompher des questions qui touchent aux intérêts de l'humanité.

Son souvenir reste donc attaché au développement de plusieurs institutions, à la fondation desquelles il a si puissamment concouru (1).

M. Evariste Thévenin, au nom de la commission d'hygiène du VIe arrondissement de Paris :

Je demande la permission d'adresser un dernier adieu à l'homme de bien qui vient de nous quitter.

Le docteur Blatin, Messieurs, était un de ces hommes dont la jeunesse prophétisait l'âge mûr et dont l'âge mûr n'a point démenti la jeunesse.

C'était en 1832, alors que pour la première fois la France était envahie par ce fléau épidémique qui, aujourd'hui presque naturalisé chez nous, est souvent combattu avec succès par la médecine. Le choléra, apporté en France par les vents de l'est, faisait une première station à Reims.

Cette vieille cité gauloise était alors administrée par un homme qui n'a précédé que de quelques jours M. Blatin dans la tombe, c'était, vous le connaissez tous, M. Poisson, secré-

taire général du Conseil d'hygiène de la Seine, membre du
Conseil de la Société protectrice des animaux. Cet éminent
administrateur avait demandé à la Faculté de Médecine de
Paris des élèves pour venir combattre l'invasion épidémique.
M. Blatin fut un des élèves désignés. L'ardeur et le dévouement, le courage de tous les instants qu'il déploya dans cette
lutte contre la mort, créèrent entre M. Poisson et lui des
liens d'amitié aussi honorables pour l'un que pour l'autre,
assez forts pour n'être rompus que par la mort.

Aussi, lorsque la république de 1848 institua l'œuvre po-
pulaire des Commissions d'hygiène, M. Blatin fut un des premiers appelés dans son arrondissement, et malgré ses nombreuses occupations de bienfaisance, il ne perdit jamais de
vue l'hygiène matérielle, base et condition première de l'hygiène morale.

Des voix plus autorisées que la mienne ont dit les incessants travaux de cet honnête homme qui, sous son air enjoué,
cachait la préoccupation constante de sa pensée, l'améliora-
tion de la vie humaine! Quant à moi, Messieurs, j'ai tenu à
rappeler ses honorables débuts dans la carrière et à exprimer
publiquement, dans cette suprême circonstance, la profonde,
ardente, sincère et respectueuse affection que j'ai vouée au
docteur Blatin et à sa mémoire!

La *Presse Judiciaire de Riom*; les *Mondes*, dont le rédacteur en chef, M. l'abbé Moigno témoignait beaucoup d'amitié
au défunt; le *Petit Journal*, d'autres journaux de Paris et de
province ont publié des notices nécrologiques sur le docteur
Blatin.